DES IDÉES
RÉPUBLICAINES.

DES IDÉES RÉPUBLICAINES.

PAR CARRION-NISAS FILS.

PARIS,

CHEZ BATAILLE ET BOUSQUET, LIBRAIRES,

GALERIES DE BOIS, PALAIS-ROYAL.

Mars 1821.

AVANT-PROPOS.

Au moment où cet écrit est livré à l'impression, les événemens arrivent en foule à l'appui des pressentimens qui l'ont dicté.

La belle Italie secoue enfin ses chaînes de plomb ; le génie de la liberté s'élance d'un vol rapide de Turin à Venise, de Venise au Brésil, du Brésil à Varsovie.

La génération qui entre dans la carrière et celle qui l'y devance et la guide; la sagesse des nations et les vertiges des princes; l'Europe et l'Amérique; le temps et l'espace, tout conspire à la fois pour précipiter le dénoûment du drame merveilleux dont le monde entier est le théâtre.

Dans ces grandes circonstances, il est du devoir de tout bon citoyen d'apporter à la masse commune le tribut de ses pensées et de ses efforts.

DES IDÉES RÉPUBLICAINES.

Hatons-nous de publier des brochures constitutionnelles; car sous peu de temps il n'y aura plus le moindre mérite à se montrer libéral.

Nos ennemis en effet n'ont obtenu qu'un succès bien éphémère : ils triomphent dans les délibérations diplomatiques; ils ne triompheront pas ailleurs ; et c'est vainement que quelques souverains viennent de se faire leurs complices, c'est vainement que le czar, qui règne à Pétersbourg d'une manière absolue, proscrit la monarchie limitée des Deux-Siciles, et qu'un congrès de rois a déclaré la guerre à un peuple qui refuse de se conformer à leurs ordres, et de répudier sa constitution.

Quand même ils pourraient subjuguer Naples par la force, pourraient-ils subjuguer l'esprit du siècle, ou le faire rétrograder?

A l'époque où une réformation religieuse

était nécessaire, à l'époque où cette réformation était impérieusement voulue par l'état de
la société et par la pensée universelle, les persécutions suscitées à la religion chrétienne
parvinrent-elles à l'étouffer ? Elle se propagea
malgré les persécutions, et même en partie
à cause des persécutions ; elle grandit sous la
hache des bourreaux et parmi les flammes des
bûchers, et justifia la vérité de ces paroles :
Sanguis martyrum semen christianorum.

A l'époque où le spectacle de cette même
religion chrétienne, dégradée, pervertie par
la domination de la cour de Rome et les abus
du catholicisme, fit prendre à quelques peuples la résolution de revenir à l'évangile pur
et à la religion de Jésus-Christ, les pays pro-
testans furent-ils remis sous la verge papale ?
Ne fallut-il pas reconnaître, après une guerre
sanglante, leurs droits et leur indépendance ?

Aujourd'hui l'Europe éprouve le besoin
d'une réformation politique et sociale : tous
les moyens tentés pour l'empêcher se ver-
ront frappés d'impuissance, et la grande révolution léguée au dix-neuvième siècle par
le dix-huitième remplira sa destinée.

Les souverains n'ont qu'un moyen de

terminer cette révolution ; c'est de l'accomplir. On ne peut la vaincre que par elle-même, qu'en l'écrasant sous son propre tonnerre : *la liberté légale*, *la monarchie constitutionnelle*.

Les forces physiques ne prévalent point contre les forces morales, et les principes habitent une région où n'atteignent point les bayonnettes.

Le premier coup de canon tiré par Laybach sur les idées libérales a été le signal de l'émancipation de l'Europe : la sainte-alliance, après tant d'efforts, d'intrigues, de congrès, de manifestes, n'aura produit aucun résultat favorable à sa cause ; le grand jury européen a prononcé en dernier ressort entre elle et nous.

Nos ennemis, au surplus, malgré leur jactance, sont avertis par un secret instinct des événemens qui se préparent ; et leurs cris de victoire ressemblent assez à des cris d'effroi. N'en doutons pas, ils ont la conscience de leur faiblesse et de leur chute prochaine. S'il en était autrement, se montreraient-ils aussi passionnés, aussi violens, aussi prompts à étouffer toute voix qui n'est pas la leur ?

Ils se disent les apôtres de la vérité : singulières vérités, qui ont peur de la discussion, comme si elles étaient des erreurs !

Les menaces de proscription, l'injure, la calomnie, c'est tout ce qu'ils opposent aux raisons de leurs adversaires.

La calomnie surtout !

Combien de fois, par exemple, n'ont-ils pas répété que les libéraux étaient des jacobins féroces, des anarchistes forcenés, qui ne respiraient que l'incendie, la dévastation et le carnage ? Tandis qu'ils se berçaient de l'espoir que ces grossières imputations trouveraient peut-être quelques dupes, voilà que les Portugais proclament l'abolition de la confiscation et de la peine de mort !... Quel affreux contre-temps !.... que de frais perdus !...

Désappointés de ce côté, mais toujours doués du même bon sens et de la même bonne foi, ils ne cessent de crier aux oreilles des souverains : « Ne vous livrez jamais aux libéraux ; « ce n'est pas dans l'intérêt de l'aristocratie, « mais uniquement dans celui de la royauté, « que nous vous donnons ce conseil : aucune « concession ne leur suffira ; ils ne feront avec « vous aucun accommodement sincère, et

« tendront sans relâche à la république, qui est
« le terme de leurs vœux. »

Il est bon de s'expliquer sur cette accusation
de républicanisme.

Et comme une discussion claire n'est qu'un
dictionnaire bien fait, nous chercherons d'abord à définir ce que signifient les mots *république* et *républicain*.

§. Ier.

Qu'est-ce qu'une République?

C'est quelquefois un gouvernement despotique : lorsqu'un magistrat, ou une assemblée
délibérante, cumule tous les pouvoirs de l'état.

C'est quelquefois un gouvernement aristocratique : telle était la république romaine.

Quelquefois c'est une aristocratie mêlée de
despotisme , comme la république de Venise.

Par fois enfin c'est une démocratie, comme
la république des États-Unis.

D'où il suit qu'il faut distinguer dans tout
gouvernement l'espèce et la forme.

Il y a quatre espèces de gouvernement : le
démocratique, l'aristocratique , le despotique,

et celui qui se complique de despotisme et d'aristocratie.

Il n'y en a pas une cinquième, soit que vous traduisiez le mot *démocratie* par *liberté publique*, *égalité politique*, soit que vous entendiez simplement par *démocratie* la participation du peuple à la formation de la loi. Dans le premier cas, il est clair que la démocratie ne saurait se combiner avec l'aristocratie ou l'arbitraire ; dans le second, elle ne saurait se combiner ni avec le pouvoir absolu d'un homme ou d'une assemblée qui pourraient opprimer le peuple, se perpétuer dans leurs fonctions, faire et défaire les lois au gré de leurs caprices, ni avec l'aristocratie, qui finirait bientôt par étouffer l'influence populaire, comme en Angleterre, ou par se retirer devant elle, ou par ne jouer tout au plus qu'un rôle subordonné et presque passif.

Ajoutons, pour prévenir, dans ce qui va suivre, toute erreur dans les termes et pour compléter nos définitions, que nous désignons sous le nom d'*aristocratie*, non les inégalités nécessaires à l'ordre social, ou à une bonne organisation politique, mais les inégalités nui-

sibles et injustes ; non les inégalités qui favorisent les intérêts généraux, mais celles qui
ne favorisent que des intérêts spéciaux ; non
les priviléges attachés au mérite individuel, à
telle ou telle position personnelle, à telle ou
telle quotité de fortune (*aristocratie mobile*,
qui ne déplaît à aucune famille, parce qu'elle
peut admettre successivement dans son sein
toutes les familles), mais les seuls avantages,
prérogatives, ou exemptions, *fixement* attachés à un certain nombre de familles, *au
nom*, *à l'hérédité*; toutes les grandeurs, en
un mot, et toutes les supériorités où l'on entre
de plain-pied sur la simple présentation d'un
acte de naissance.

Tout cela posé, revenons à la question.

Chacune des quatre espèces de gouvernement peut apparaître aux peuples sous la
forme monarchique, ou sous la forme républicaine. Le gouvernement actuel d'Espagne
est une démocratie monarchique, et celui des
États-Unis une démocratie républicaine.

§. II.

Conséquence.

Les républiques, considérées dans leur essence, sont donc tout ce qu'on voudra ; considérées dans leur extérieur, c'est la non hérédité du pouvoir exécutif, et rien autre chose.

Ceci conduit à demander ce qu'il faut penser de ces phrases banales, de ces formules admises sans examen et répétées sans réflexion : *Une république ne convient qu'à un petit état ; il faut des rois aux vieilles civilisations,* etc.

Si les auteurs et les propagateurs de ces prétendus axiomes entendaient par république la démocratie, ils soutiendraient sans doute des opinions très-contestables ; mais du moins ils ne prononceraient pas des mots tout-à-fait vides de sens.

S'ils veulent dire que l'hérédité du pouvoir exécutif présente plus de chances de tranquillité publique que sa non hérédité, il nous semble que cette hérédité a les mêmes avantages dans un petit état et chez un peuple neuf.

§. III.

Qui est républicain ?

Cette question a été résolue dans les précédens paragraphes.

Tout le monde est républicain, et personne ne l'est : on l'est, ou on ne l'est pas , suivant les circonstances où l'on se trouve, et quelques opinions politiques qu'on ait adoptées.

Et en effet :

Supposons un instant que les aristocrates vissent les rois de l'Europe disposés à accepter ou à promulguer des constitutions démocratiques , à gouverner libéralement , sans hésitation , sans restrictions , sans arrière-pensées , à se conduire tous enfin comme quelques-uns d'entre eux , comme le prince régent de Naples par exemple ; et qu'en même temps ils aperçussent la possibilité de remplacer les gouvernemens monarchiques constitutionnels par des gouvernemens aristocratiques, et les rois par de simples magistrats à la manière des doges de Venise , n'est-il pas vrai qu'alors tous les aristocrates deviendraient républicains?

Pourquoi donc les libéraux de toute l'Europe ne seraient-ils pas monarchiques sous des constitutions qui, en maintenant partout la royauté, consacreraient également les principes libéraux?

§. IV.

Des Principes libéraux.

Ces principes de toute démocratie bien ordonnée sont en fort petit nombre :

Savoir :

1₀. *La liberté individuelle,* ou la sûreté pour les personnes (qui comprend le droit de n'être arrêté et détenu que dans les cas et formes voulus par la loi) ;

2°. *La libre jouissance et disposition de toutes les propriétés individuelles,* et, par suite, le libre exercice de toutes les industries ;

3°. *La libre manifestation des opinions politiques et religieuses ;*

4°. *L'égalité civile,* ou égalité devant la loi, *pour les personnes et les propriétés* (ce qui emporte l'abolition des substitutions, des majorats et du droit d'aînesse);

5°. *L'égale répartition des charges publiques*, en raison des facultés de chacun;

6°. *L'égale admissibilité aux fonctions publiques* (sauf les restrictions apportées par la loi, mais qui ne doivent donner aucun avantage politique *à aucune famille*).

Les trois premiers de ces principes se rapportent spécialement à la liberté, et les trois derniers à l'égalité, quoique, à vrai dire, l'égalité et la liberté soient inséparables.

Tout gouvernement représentatif fondé sur sur ces principes est libéral.

Il ne faut donc pas demander si les libéraux de France, par exemple, sont républicains, mais si la constitution de France est libérale. Si elle l'est, et si elle est franchement exécutée, nos libéraux sont ultra-monarchiques.

Observons en passant qu'aucun article de la Charte royale ne porte que, dans certains cas, les chambres auront le droit de supprimer temporairement la liberté individuelle et la liberté de la presse; aucun article ne porte non plus que, dans certains cas, les pouvoirs constitués pourront devenir constituans, modifier ou suspendre, à leur gré, les dispositions de cette Charte, *en vertu de laquelle ils sont*, et, par conséquent, *tuer leur mère* quand il leur plaira, et s'arroger le despotisme. Nos chambres se sont donc trompées quand elles ont cru pouvoir voter des lois suspensives de ces deux libertés.

Elles se sont mal à propos assimilées aux chambres anglaises. Il n'y a point en Angleterre de constitution *écrite*, qui délimite les attributions des chambres : elles y sont constituantes ; et la nature même des choses a consacré le dogme de l'omnipotence parlementaire, dogme qui n'est que dangereux partout où il n'est pas nécessaire.

§. V.

Des prétendus Républicains Absolus.

Nous venons d'établir que les libéraux sont les amis sincères de toute constitution *monarchique libérale.*

Cependant nos adversaires insistent, et prétendent qu'il existe des républicains absolus, des esprits ombrageux et systématiques, ennemis radicaux d'une royauté *quelconque.*

Pour démentir cette assertion, il n'y a qu'à supposer un moment ce que pourrait dire, à l'appui de son opinion, le libéral républicain le plus chaud, à montrer ensuite combien il serait aisé à un libéral modéré de le réfuter et de le ramener aux idées monarchiques.

§. VI.

Plaidoyer contre la royauté.

La fragilité humaine est si grande, le délire produit par la jouissance du pouvoir est tel, qu'un souverain, à peine intrônisé, s'imagine que son trône serait sans éclat et son gouvernement sans force si sa puissance n'était pas illimitée; et peu après il regarde toute résistance à ses volontés comme une insulte et une rebellion. Si son autorité a des bornes posées par la constitution de l'état, il les franchira rapidement, et quand il aura le pouvoir absolu, il ne sera pas encore content, et passera bientôt du despotisme, qui est l'usage de l'arbitraire, à la tyrannie, qui en est l'abus.

Il ne manquera pas d'être secondé dans ses usurpations par cette partie honteuse des nations qui s'attache toujours aux souverains, par ces courtisans, cette horde de laquais, qui changent volontiers de condition et de livrée, mais à qui il faut toujours *un maître* et des antichambres, et qui sont prêts à seconder tous les caprices de leur *adorable* seigneur, pourvu qu'il ait soin, de son côté, de les barder de cordons, de les plaquer de crachats, de les combler de gratifications, de titres et de priviléges.

Si le souverain est de vieille race, il recréera, ou perpétuera et accroîtra les prérogatives de ces serviteurs zélés, appuis infatigables de vingt trônes successifs ; s'il est de nouvelle fabrique, il créera une nouvelle noblesse, et ne se croira point véritable roi s'il n'est entouré d'un cortége de privilégiés, de fainéans, de bouches inutiles, de chambellans, d'écuyers, etc., etc.

Et certes, il faut que ces éblouissemens et ces petitesses du rang suprême soient bien forts pour avoir asservi à leur influence Napoléon lui-même, qui certes semblait plus que personne au-dessus des faiblesses communes et du vulgaire des princes.

Il était premier consul de la république

française, et il s'imagina que pour être plus qu'un roi il fallait être empereur.

La constitution de l'an VIII n'avait organisé d'une manière robuste que le pouvoir exécutif : il ne voulut pas même nous laisser les apparences et les honneurs de la liberté, et après avoir congédié la seule chambre législative à qui la constitution eût accordé la parole, il renvoya même celle qui votait sans parler (1).

Dépositaire du pouvoir, au bout de six mois il s'en croyait propriétaire, et disait déjà : *Mon peuple*, *mes états*.

A peine souverain, il se regarda comme descendant de Hugues Capet ou de Charlemagne, et concluant de là qu'il existait des relations necessaires et quelque solidarité entre sa famille et les grandes familles de l'ancienne monarchie, cet homme, à qui tant de monarques faisaient leur cour, courtisait le faubourg Germain, ses petits marquis et ses antiques douairières, débris poudreux de la cour de Louis XV et de Mme Dubarry.

Il s'enquérait avec minutie de tout le cérémonial de la troisième race ; il exhumait avec tendresse toutes les vieilles étiquettes.

On sait, entre autres anecdotes, que la grande faveur d'un ci-devant gentilhomme provint de ce que le premier il présenta à l'empereur une petition, non pas avec la main, mais sur la forme de son chapeau, selon l'ancien usage. Vingt fois Napoléon fut sur le point d'établir une maison militaire.

Enfin, il éprouva le besoin de distribuer des titres de noblesse et d'instituer des majorats. Cette noblesse flattait d'abord l'égalité en la tuant, parce qu'il fallait bien, pour la première formation, la recruter dans tous les rangs de la société; mais à la seconde génération, elle n'eût été vendue ou donnée qu'à très-peu de personnes; à la troisième, au plus tard, on lui eût attribué le monopole des fonctions publiques, comme autrefois, et des exemptions d'impôt, comme autrefois : ceux qui l'auraient composée se seraient crus, comme autrefois, d'une nature supérieure à leurs concitoyens et pétris d'une autre argile; ils se fussent montrés tout aussi impertinens que l'étaient les dix-neuf vingtièmes des grands seigneurs d'autrefois, et la révolution eût été à recommencer (2).

L'idée de souverain emportant celles de faste et d'éclat, on se croit toujours obligé d'assigner au prince une énorme liste civile, dont il se sert pour salarier ses créatures, et, si le gouvernement est représentatif, pour entretenir le fléau de la corruption parlementaire.

Que le gouvernement soit ou ne soit pas représentatif, on laisse au souverain la disposition suprême des forces de terre et de mer ; et dès-lors beaucoup de gens se persuadent et cherchent à persuader à l'armée qu'elle appartient à un homme plus qu'à la patrie, et que ses premiers devoirs sont envers lui.

Vous m'objecterez que quels que soient les inconvéniens de l'hérédité du pouvoir exécutif, sa non hérédité en apporterait de plus graves encore ; qu'une foule d'ambitions rivales se disputant la première place de l'état, amèneraient infailliblement l'anarchie ; je réponds que l'institution d'un magistrat temporaire, avec un bon système de candidature et des conditions d'éligibilité raisonnables, ne produirait ni froissemens entre les divers pouvoirs de l'état, ni troubles dans la nation ; ces cas du moins seraient fort rares.

On insistera, et on citera, entre autres exemples, l'expérience tentée il y a trente ans par la France ; je réponds qu'on ne peut ar-

güer du particulier au général ; que les ca-
tastrophes de la république française ont
tenu à des circonstances qui lui étaient pro-
pres ; que la Vendée, l'émigration, les coa-
litions, l'énorme quantité de prolétaires
créée par l'ancien régime, et surtout les vices
d'une constitution improvisée au milieu des
orages, sont seuls responsables des malheurs
que nous avons subis.

Considérez que des chefs *élus* vous donnent
l'espoir d'avoir au moins un homme de mérite sur dix.

Machiavel a remarqué que les empereurs
romains qui parvinrent au trône par droit de
succession furent tous méchans, à l'excep-
tion de Titus, tandis que ceux qui y parvinrent par adoption (ce qui est une sorte
d'élection) furent tous de bons souverains,
témoins Nerva, Trajan, Adrien, Antonin et
Marc-Aurèle (3).

Les peuples aux jours de leur colère, les
factions aux jours de leur domination, ont eu
par fois, il est vrai, des torts envers les princes ; ils ont même immolé d'innocentes vic-
times ; et sur 450 souverains environ qui

ont péri de mort violente, l'histoire compte sans doute quelques hommes de bien.

Voilà pour les violences et les injustices des peuples; mais qui pourrait énumérer celles des rois?

Et pour ne parler que des souverains de l'Europe moderne, qu'ont-ils fait autre chose que se servir du peuple contre le pouvoir aristocratique ou le pouvoir ecclésiastique, quand ces pouvoirs portaient ombrage au trône, pour se servir d'eux contre le peuple après les avoir abaissés.

Au lieu de montrer aux nations que leur intérêt était de vivre en paix, de s'aider l'une l'autre, et d'échanger leurs produits, avec quelle barbarie n'ont-ils pas fomenté les haines nationales et perpétué les guerres, afin de satisfaire à de vains caprices, à des intérêts de famille, et surtout afin de détourner l'attention des peuples de leurs affaires intérieures et du soin de leur liberté.

Si, des rois passés, nous reportons nos regards sur les rois actuels, quels hommes voyons-nous occuper la plupart des trônes?

Ils ne se sont ligués contre Napoléon que pour pouvoir égaler son despotisme et sur-

passer ses attentats aux droits des nations et
à leur indépendance.

Qu'ils aillent donc le rejoindre !

L'Europe ne respirera, l'Europe ne jouira
enfin de quelque repos, que lorsque le congrès
de Laybach sera transféré à Sainte-Hélène.

§. VII.

Réfutation.

Cet acte d'accusation contre la royauté
nous semble reposer sur une base fausse : il
est tout entier échafaudé sur une hypothèse
tout à fait gratuite. Vous admettez que la constitution la plus libérale, la mieux organisée,
la plus explicite, entourée des garanties les plus
respectables, ne serait point à l'abri des em-
piétemens successifs, et bientôt de l'envahisse-
ment complet, d'un pouvoir exécutif héré-
ditaire.

En admettant le contraire (et le contraire
est très-admissible) vous verrez que vous
pouvez, sous l'abri d'une monarchie constitutionnelle , ajouter aux chances de tranquillité
publique, sans rien sacrifier de votre liberté.

Le souverain , ne pouvant créer de priviléges héréditaires, ne distribuera à ses favoris que de vains titres, d'inutiles rubans (4), de misérables hochets, que vous devez désirer de voir prodiguer le plus possible, afin qu'ils tombent dans le mépris, et que le mérite personnel soit la seule *distinction* qui obtienne l'estime des hommes (5).

Un bon système électoral vous donnera des représentans inaccessibles à la corruption.

Des bonnes institutions militaires donneront à l'armée la conscience de sa dignité, et lui révéleront, l'empêcheront d'oublier sa véritable destination.

Il n'y a pas, il est vrai, de moyens d'éviter que l'hérédité ne vous donne peu d'hommes habiles ou vertueux ; mais s'ils ne font pas le bien, du moins ils seront dans l'impossibilité de faire le mal, et c'est tout ce qu'il vous faut.

Engagez donc à entrer dans de meilleures voies les souverains qui répugnent encore au rôle de monarques constitutionnels, et prenez-les tels qu'ils sont, au lieu de les parquer à Sainte-Hélène.

Vous dites que la plupart des rois actuels sont peu dignes d'estime : s'il en était ainsi, ce serait une raison de plus pour les garder précieusement ; car alors ils seraient tous plus ou moins impopulaires : et dès qu'une constitution est mise à exécution , si quelques dangers sont à craindre de la part du pouvoir exécutif, c'est seulement lorsque ce pouvoir se trouve aux mains d'un homme populaire. Napoléon fut long-temps très-populaire ; ce fut une des causes de son despotisme.

Sous un prince qu'elle ne chérit pas , une nation veille sur sa liberté avec la sollicitude la plus inquiète et la plus active ; mais qu'il parvienne à gagner son amour et sa confiance, elle fermera les yeux sur bien des fautes ; et quand il l'aura captivée, il pourra l'asservir. C'est une des sottises les plus habituelles du cœur humain de ne savoir rien refuser aux personnes qu'on aime.

Au reste, nous ne voulons pas dire qu'il soit impossible qu'un monarque populaire réunisse à ses autres mérites des intentions franchement constitutionnelles : à cet égard, on connaît des princes qui donnent des démentis formels aux méfiances les plus ombrageuses, aux craintes les plus exagérées.

§. VIII.

Conclusion.

Nous bornerons à ces réflexions notre apologie des idées libérales et de la royauté, et notre réponse aux perfides insinuations des aristocrates. C'est à de plus habiles que nous qu'il appartient de traiter avec détail des questions si importantes dans les circonstances actuélles.

NOTES.

(1) Dans un écrit de Napoléon, dont l'authenticité est incontestée, et qui est intitulé : *Manuscrit de l'île l'Elbe. Des Bourbons en 1815* (Londres, 1819), on lit la phrase suivante : *Le gouvernement de l'empereur était une monarchie constitution-nelle et tempérée.*

(2) Les bonapartistes aristocrates (avec lesquels n'ont rien de commun les patriotes qui, sous l'empire, servaient et illustraient leur pays dans les armes, la magistrature ou l'administration) professaient hautement le système que *l'ancien régime était bon ; qu'il n'y avait que les hommes à changer.* Depuis la restauration, ces contre-revolutionnaires, sortis du sein de la révolution, ne cessent de se rapprocher de l'ancienne aristocratie, et tous ceux qu'elle a bien voulu recevoir dans ses rangs sont devenus ses plus impertinens et ses plus absurdes champions.

(3) Voici le passage de Machiavel :
« Tutti gli imperadori che succederono all' im-
« perio per eredità, eccetto Tito, furono cattivi ;
« quelli che per adottione, furono tutti buoni, come

« furono quei cinque da Nerva a Marco; e come
« l'imperio cadde nelli eredi, ei ritornò nella sua
« rovina. » (*Discorsi sopra Tito-Livio*, cap. 10.)

Et au chapitre 2 des mêmes discours, il dit, au
sujet de l'origine du gouvernement monarchique :

« Gli uomini..... avendo ad eleggere ùn prin-
« cipe, non andavano dietro al più gagliardo, ma
« a quello che fusse più prudente e più giusto. Ma
« come dipoi si cominciò a fare il principe per suc-
« cessione e non per elezione, subito cominciarono
« gli eredi a degenerare da i loro antichi, e las-
« ciando l'opere virtuose, pensavano che i principi
« non avessero a fare altro che superare gli altri di
« sontuosità e di lascivia e d'ogni altra qualità deli-
« tiosa; in modo che cominciando il principe ad
« essere odiato, et per tale odio a temere, è pas-
« sando tosto dal timore all' offese, ne nasceva presto
« una tirannide. »

(4) N'est-ce pas une circonstance heureuse, par
exemple, qu'on puisse aujourd'hui se procurer,
pour la somme *totale* de six cents francs, l'ordre du
Saint-Sépulchre, l'ordre de Malte, l'ordre de
l'Eperon d'or, l'ordre de Hohenlohe, etc.

Après la sottise de tuer les aristocrates, la plus
grande sottise qu'on ait faite dans la révolution, a été
sans contredit de proscrire les titres de noblesse.
Loin de là, il fallait déclarer qu'il était loisible à tout
citoyen de s'arroger des noms de fief, des titres,
des livrées et des armoiries.

(5) Que signifient des titres qui ne sont l'expression d'aucun privilége? quels services rendent-ils aux noms qu'ils escortent? Les noms honorables n'en ont pas besoin, et les noms obscurs en deviennent ridicules.

IMPRIMERIE DE P. DUPONT,

HÔTEL DES FERMES.